reportage

LA CHINE ANCIENNE

texte de Wendy Boase

illustré par Angus McBride
et Terry Dalley

traduit de l'anglais par
Jean-Jacques Barloy

éditions
du chat perché
FLAMMARION

L'Empire du Milieu

Les Chinois ont traditionnellement considéré leur pays comme le centre du monde et le foyer de la civilisation. Ils l'appelaient « l'Empire du Milieu » et ce pays est resté au cours de l'Histoire, malgré les époques où il fut envahi par les barbares, une terre isolée et mystérieuse. Sous la dynastie des Han, la Chine s'étendait sur quelque 2 000 kilomètres, du Plateau Tibétain à la côte orientale, et sur une distance semblable depuis la Grande Muraille jusqu'aux frontières méridionales. Le pays est divisé naturellement en trois régions correspondant aux trois grands systèmes fluviaux : le Xi-jiang (Si Kiang) ou « Fleuve de l'Ouest » au sud, le Yang-zi-yiang (Yang Tsé Kiang) ou « Fleuve Bleu » au centre et le « Fleuve Jaune » (Houang Ho) au nord. Sur ces trois grandes zones, le climat va du sub-tropical au sub-arctique et les paysages comprennent de hautes montagnes, des vallées profondes et les immenses bassins fluviaux. C'est ce pays si diversifié qui a produit une civilisation autonome, florissante depuis plus de 3 000 ans.

Les premiers Chinois s'établirent sur les rives du turbulent Fleuve Jaune, dans le « Pays entre les Passes », une contrée recouverte d'une épaisse couche d'alluvions jaunes et fertiles, le loess. Ce sol pouvait être bon pour l'agriculture, mais les premiers cultivateurs souffrirent du déchaînement imprévisible des éléments naturels. Ils firent face à de longues sécheresses, ainsi qu'au gel et à la neige, mais le pire de tout était les crues incontrôlables. Pour survivre, les Chinois devaient arriver à être en bons termes avec la Nature. Leur désir de vivre et de travailler en harmonie avec la Nature s'est exprimé dans l'antique théorie du *Yin* et du *Yang*. Le développement du contrôle des eaux montre comment cette théorie était appliquée dans la pratique. Dans le système des corvées, les paysans travaillaient un mois par an dans le corps de travail national. Ils coopéraient avec la Nature en creusant les canaux qui permettaient l'irrigation des terrains fertiles où poussait la nourriture nécessaire aux 50 millions d'habitants de l'Empire du Milieu.

Yu le Grand quitte sa maison
Selon la légende, Yu le Grand Ingénieur fut le premier homme à régulariser les fleuves de Chine. Il a creusé des canaux pour contenir les crues et pour irriguer les terres. On dit qu'il a travaillé pendant 13 ans sans rentrer une seule fois se reposer chez lui.

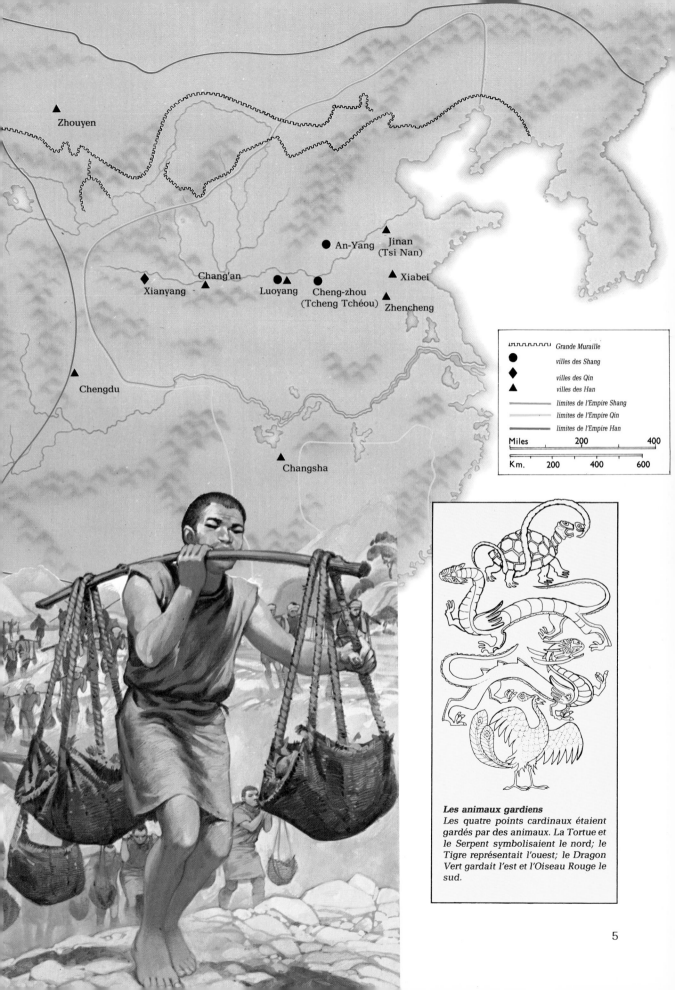

Zhouyen

● An-Yang

▲ Jinan
(Tsi Nan)

Chang'an
◆   ▲
Xianyang   ● ●▲
Luoyang ● Cheng-zhou   ▲ Xiabei
              (Tcheng Tchéou)
                              ▲ Zhencheng

▲
Chengdu

▲
Changsha

ᴜᴜᴜᴜᴜᴜ	Grande Muraille
●	villes des Shang
◆	villes des Qin
▲	villes des Han
——	limites de l'Empire Shang
—·—	limites de l'Empire Qin
——	limites de l'Empire Han

Miles   200   400

Km.   200   400   600

Les animaux gardiens
Les quatre points cardinaux étaient
gardés par des animaux. La Tortue et
le Serpent symbolisaient le nord; le
Tigre représentait l'ouest; le Dragon
Vert gardait l'est et l'Oiseau Rouge le
sud.

La création de l'univers

Selon la légende chinoise, l'univers était au début un œuf. Un jour, l'œuf éclôt et un homme appelé P'an Ku en naît. Il grandit et grandit pendant des siècles, une moitié de la coquille formant le ciel au-dessus de lui, l'autre moitié, restée sous lui, étant la terre. P'an Ku meurt au bout de 18 000 ans et les restes de son corps deviennent les éléments de la Nature. Sa tête donne le soleil et la lune, son souffle devient le vent, sa sueur la pluie et sa voix le tonnerre. Les fleuves et les océans sont faits de son sang et les montagnes de ses membres. Enfin, les puces du corps de P'an Ku deviennent les ancêtres de l'humanité. Ce mythe reflète l'opinion traditionnelle des Chinois de la position modeste de l'homme dans l'univers, idée qui est souvent exprimée dans la peinture.

L'organisation cosmique

Des plaques de bronze de la fin de la période Zhou et de la période Han sont couvertes de beaux dessins symbolisant l'ordre du monde à l'idée des Chinois. La terre est représentée par un carré entourant un pommeau central. Les figures en T sur chaque côté du carré sont les montagnes sacrées qui sont censées soutenir les cieux. Les cercles extérieurs, décorés d'animaux mythiques, de fleurs et d'arabesques, symbolisent les bords extrêmes de l'univers. L'harmonie cosmique dépend du parfait équilibre entre le Yin et le Yang, les forces opposées qui agissent sur toute chose. La théorie Yin-Yang a une énorme influence sur la vie et la philosophie chinoises.

Les origines de la Chine

L'un des ancêtres de l'homme moderne, le Sinanthrope ou Homme de Pékin, vivait en Chine il y a un demi-million d'années. Il savait tailler des outils dans la pierre, faire du feu et parler un vocabulaire simple. Ses descendants firent leur apparition dans l'Histoire 1 500 ans avant notre ère, sous les Shang, qui formèrent la plus ancienne dynastie royale de Chine dont il reste des traces archéologiques. Selon la mythologie chinoise, une partie des temps précédents a été occupée par des souverains légendaires : d'abord P'an Ku le créateur, puis Fu Xi le premier roi, suivi de Shen nong le patron de l'agriculture et de la médecine. Ensuite vint Huang-Di, le « Souverain Jaune », sous le règne avisé de qui prospérèrent les arts et les sciences. L'époque mythologique se termine avec Yu le Grand Ingénieur, qui devint le premier souverain de la dynastie Xia.

Il ne reste pas de vestiges archéologiques des Xia. Les Shang, au contraire, ont laissé dans la vallée du Fleuve Jaune, le « Pays entre les Passes », des vases de bronze et des inscriptions. Tant d'objets y ont été laissés par leurs successeurs immédiats que cette région est appelée le berceau de la civilisation chinoise. Les Shang furent dominés par les Zhou (Tchéou), mais c'est seulement à partir de 221 avant J.-C. que la Chine devint, sous la dynastie Qin (Ts'in), un empire avec une autorité centrale s'étendant à tout le pays. Au cours des deux millénaires qui suivirent les Qin, vingt-cinq dynasties ont présidé aux destinées de la Chine impériale. La dynastie Han, fondée par Liu Bang, est considérée comme l'une de celles ayant le mieux réussi. Cette période fut caractérisée par l'unité politique, la richesse de la vie culturelle et le triomphe du Confucianisme. Les dynasties ultérieures regarderont avec admiration cet Age d'or impérial.

Le « Souverain Jaune »
Huang-Di est considéré comme le véritable fondateur de la culture chinoise et comme l'ancêtre de tous les empereurs.

Le « Divin Laboureur »
Shen nong, le premier cultivateur, est dit avoir régné pendant 140 ans.

Chronologie
Le cercle externe représente l'histoire de la Chine, le cercle interne les périodes de troubles ou d'occupation étrangère.

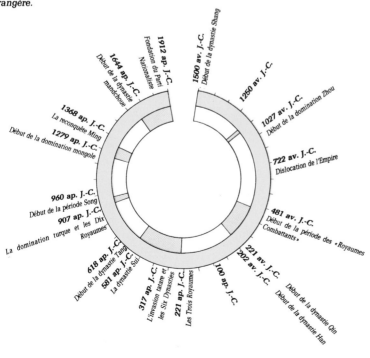

1912 ap. J.-C. Fondation du Parti Nationaliste
1644 ap. J.-C. Début de la dynastie mandchoue
1368 ap. J.-C. La reconquête Ming
1279 ap. J.-C. Début de la domination mongole
960 ap. J.-C. Début de la période Song
907 ap. J.-C. La domination turque et les Dix Royaumes
618 ap. J.-C. Début de la dynastie Tang
581 ap. J.-C. La dynastie Sui
317 ap. J.-C. L'invasion tatare et les Six Dynasties
221 ap. J.-C. Les Trois Royaumes
100 ap. J.-C.
202 av. J.-C. Début de la dynastie Han
221 av. J.-C. Début de la dynastie Qin
481 av. J.-C. Début de la période des « Combattants »
722 av. J.-C. Dislocation de l'Empire
1027 av. J.-C. Début de la domination Zhou
1250 av. J.-C.
1500 av. J.-C. Début de la dynastie Shang

Le premier souverain Han
En 202 avant J.-C., Liu Bang, un homme d'humble origine, acquit le contrôle de tout le « Pays entre les Passes ». Il devint l'empereur Han Gaozu.

Un pays turbulent

La première histoire de la Chine a été écrite par Sima Qian, astrologue impérial à la cour de l'empereur Han Wudi (141-87 avant J.-C.). Selon cet historien, l'essor et la chute des dynasties de la Chine antique suivaient un schéma invariable. Chacune commençait dans la bonne volonté, puis déclinait après quelques générations de souverains. Finalement, le dernier roi, cruel ou faible, était renversé par un nouveau héros et le cycle recommençait.

Les trois premières dynasties chinoises mentionnées par Sima Qian étaient les Xia, les Shang et les Zhou. La dynastie Xia, fondée selon la tradition par Yu le Grand, peut avoir effectivement prospéré vers 2000 avant J.-C., mais il n'existe pas de preuve historique de son existence. Cette dynastie légendaire fut suivie par les Shang, qui dominèrent l'Empire du Milieu pendant cinq siècles environ. Les Shang créèrent dans les plaines du bassin du Fleuve Jaune une culture du bronze qui est restée sans rivale. Ils tissaient aussi la soie, sculptaient le jade et l'ivoire et ils perfectionnèrent un langage écrit. Leur religion, fondée sur le culte des ancêtres, devait durer des milliers d'années.

Les Shang finirent néanmoins par succomber à la corruption et à la superstition. En 1027 avant J.-C., les Zhou, famille de rois guerriers, surgirent de l'ouest pour les défier. La société Zhou a vu s'établir un âge d'or féodal, mais une fois encore répéta le cycle habituel de succès, déclin et chute. Après trois siècles de règne Zhou, la Chine fut plongée dans plus de 250 ans de troubles civils. Cette époque, dite des « Royaumes Combattants », se termine par le triomphe militaire des Qin qui, pour la première fois, unifièrent le pays en un vaste empire.

Bien que le Premier Empereur n'ait régné que peu de temps, il a eu une

influence profonde sur la civilisation chinoise. Le gouvernement central affaiblit peu à peu la vieille société féodale fondée sur la propriété terrienne. Les lois et la langue écrite furent fixées, de même que les poids et mesures, les instruments aratoires et même la longueur de l'essieu des charrettes. Des travaux de régulation des eaux et de construction de routes et de ponts furent planifiés. La Grande Muraille était construite contre les Xiong-nu, ancêtres des Huns. Mais le Premier Empereur, Shi Huang Di, imposa son autorité par des lois si dures que la rébellion éclata de nouveau. Liu Bang et les armées Han en sortirent victorieux.

Sous l'Empire Han, la qualité de la vie était supérieure à tout ce qui avait été dans les dynasties précédentes. Le papier était inventé; les astronomes relevaient la carte du ciel et les taches solaires; on se servait de clepsydres, de pompes à eau, de machines à semer et de métiers à tisser. Les Chinois commencèrent à échanger à l'étranger leur soie, leur or et leur fonte contre des perles, du verre, des chameaux et des ânes. Ils assimilèrent les idées nouvelles de leurs voisins, sans trop dévoiler les secrets de leur propre technologie triomphante.

La Chine était alors le plus puissant pouvoir d'Asie. Les Xiong-nu constituaient encore une menace permanente, mais, protégée par une cavalerie efficace et l'arbalète, une arme que l'Europe ne connaîtra pas avant un millier d'années, la Chine bénéficia de longues périodes de paix. La seule interruption dans les quatre siècles de règne heureux des Han fut la prise du trône par Wang Mang, usurpateur impopulaire, en l'an 9 après J.-C. Son court règne divise le grand Empire en deux époques; les Han antérieurs (202 avant J.-C. à 9 après J.-C.) et les Han postérieurs (25 à 220 après J.-C.).

Les Chevaux Célestes
La Chine avait besoin pour sa cavalerie de chevaux plus rapides que les robustes poneys des Xiong-nu. A Ferghana (Turkestan), un ambassadeur Han découvrit les «Chevaux Célestes», une race fougueuse comme l'animal figuré ci-dessus. L'empereur Wudi, n'ayant pas réussi à négocier avec le souverain tatare, envoya 60 000 hommes pour prendre les chevaux de force. Le souverain accepta alors d'échanger 3 000 chevaux contre une épouse chinoise de sang royal. Chaque cheval valait 300 livres d'or.

La Chine en trouble
En 771 avant J.-C., les souverains Zhou, harcelés par une coalition de tribus barbares et de rebelles chinois, abandonnèrent leur capitale après une dure bataille et se réfugièrent vers l'est à Luoyang, où leur dynastie, connue sous le nom des Zhou orientaux, survécut encore 500 ans, mais sans retrouver son pouvoir. Pendant ce temps, les différents fiefs Zhou se réunirent jusqu'à former un petit nombre d'unités puissantes.

Les armes de guerre
L'armée Shang utilisait des arcs, des lances, des épées de bronze, des haches et des hallebardes, ces armes formées d'une lame à double tranchant fixée perpendiculairement à la hampe. Les soldats Han portaient des épieux et des sabres en fer, mais leur arme la plus dangereuse était l'arbalète.

9

La cour des Han

Durant la dynastie Han, la haute position de l'empereur par rapport à ses sujets était accentuée par la façon dont il vivait. Il était soustrait aux yeux du commun, vivant derrière les hauts murs du palais impérial et servi par des domestiques, des fonctionnaires et des conseillers particuliers. La vie de l'empereur était d'habitude strictement déterminée par un cérémonial élaboré. Les vêtements qu'il portait, la nourriture qu'il mangeait, la décoration de la salle d'audience où il siégeait, tout était réglé conformément à la saison ou aux forces dominantes de la Nature. La vie à la cour des Han n'est cependant pas toujours régie par le protocole, comme le montre cette scène. Tandis que l'empereur se repose, les fonctionnaires, les soldats et les dames de la cour regardent un combat de coqs. Un ambassadeur étranger, qui a apporté peut-être de Corée des présents pour l'empereur, passe le temps en conversation avec un courtisan. Au premier plan, un groupe de lettrés discute tranquillement du Confucianisme.

Le cœur de l'empire

Le peuple de la Chine ancienne croyait que ses monarques recevaient leur autorité pour régner, le Mandat, directement du Ciel. Les Chinois appelaient leur empereur « Fils du Ciel » et le considéraient comme l'autorité suprême sur terre. L'empereur pouvait attendre obéissance et loyauté de ses sujets, mais il était aussi responsable de leur bien-être et de leur prospérité et, s'il manquait à ses devoirs, le Ciel pouvait lui retirer son Mandat et en investir un nouveau héros. Cela signifie que, bien que le trône soit normalement transmis de père en fils, le pouvoir d'un empereur dépend également de ses propres mérites.

Le titre d'Empereur fut créé en 221 avant J.-C. par le Prince Cheng, fondateur de la dynastie Qin, qui se fit appeler lui-même Shi Huang Di, « Premier Empereur ». La dynastie Qin ne survécut pas à son fondateur, mais son système de gouvernement fut conservé. Il dura plus de deux mille ans et, pendant tout ce temps, le titre d'Empereur fut utilisé par tous les souverains de Chine.

Quoique le pouvoir absolu restât entre les mains de l'empereur et du gouvernement central, la Chine des Han était divisée administrativement en fiefs et préfectures. Les rois étaient nommés par l'empereur, de même que les gouverneurs des préfectures et les fonctionnaires de l'État qui devaient leurs postes à leur capacité. Les grands officiers formaient l'état-major de l'administration impériale dans la capitale. Des fonctionnaires d'un rang moindre étaient responsables de la sécurité du palais, de la collecte des impôts et redevances, de la gestion des édifices publics, de la tenue des cérémonies religieuses et des registres de recensement. Ces fonctionnaires civils arboraient sur leurs vêtements des emblèmes et portaient des sceaux d'or, d'argent et de bronze qui indiquaient leur rang. Les chevaliers et les lettrés constituaient dans la société Han une élite nommée les *shi*.

Les *nong* ou paysans formaient la classe suivante par l'importance, car ils produisent la nourriture dont dépend la nation. Ils étaient suivis par les *gong*, artisans des métaux et artistes, dont le travail était considéré comme moins essentiel. Le rang des *shang*, marchands vivant du commerce et soldats gardant les frontières, était très inférieur. La société Han comprenait aussi quelques esclaves.

Le pouvoir impérial
A l'apogée de l'empire Han, l'influence chinoise s'étendait directement à travers l'Asie centrale.

L'organisation de la société
Ce tableau illustre les divisions de la société Han, où chacun était classé selon sa contribution réelle.

Le palais d'été
Une grande ville comme Chang'an possédait souvent plusieurs palais, construits au cours des siècles selon le caprice de l'empereur régnant. Chaque palais devait avoir une ou deux salles d'audience et plusieurs tours et portes séparées. Un palais d'été se parait de fontaines, voire d'air conditionné obtenu par des ventilateurs mécaniques soufflant au-dessus de fosses remplies de glace. La promenade dans les jardins du palais était agrémentée par l'ombrage des arbres et le courant des eaux sur des rochers polis.

L'armature de la nation

Selon la légende, les premiers Chinois vivaient comme des bêtes : ils n'avaient pas d'abri, ni de vêtements, et ils tuaient des animaux pour se nourrir. Mais un homme sage, appelé Yu Zao, leur montra comment construire des huttes de branchages et l'empereur légendaire Shen nong leur aurait appris l'art de la culture. Depuis lors, l'agriculture a été le fondement de la vie chinoise et les *nong*, comme sont appelés les paysans fermiers, sont considérés comme l'armature de la nation.

En dépit de son importance sociale, le paysan menait une vie rude. Il habitait une maison d'une seule pièce, sans meuble et au sol de terre battue. Il travaillait la terre jaune du matin au soir pour fournir la nourriture au pays et à la ville, et aussi aux soldats combattant les nomades sur les frontières lointaines, et encore au propriétaire qui lui louait ses champs. Une grande partie de sa récolte, blé dans le nord et riz dans le sud, était prélevée par le gouvernement. Sa propre survivance était menacée tantôt par les inondations, tantôt par la sécheresse. Son seul espoir d'une vie plus douce reposait sur l'amélioration de ses outils et sur une irrigation plus efficace. De nombreux progrès furent réalisés au cours de la période Han : les champs étaient entrecoupés de sillons et de talus et une nouvelle méthode de labourage fut employée.

L'usage de l'acier et de machines a rendu la culture plus facile, mais la plus grande réalisation de la Chine pour l'agriculture fut le contrôle des eaux. Quand les semailles et la moisson étaient terminées, les *nong* étaient mobilisés, selon l'antique système de la corvée ou travail gratuit obligatoire, pour construire des barrages, des chenaux, des canaux d'irrigation et d'autres travaux publics. En 246 avant J.-C., ils réalisèrent le canal Zheng Guo qui irriguait plus de 150 000 ha, et le canal Kunghsien qui, 2 000 ans plus tard, est encore en usage. Deux des plus impressionnantes réalisations des *nong* sont la Grande Muraille et environ 30 000 km de routes. Puisque les *nong* représentaient une main-d'œuvre aussi énorme, l'esclavage n'avait pas besoin d'être organisé sur une grande échelle comme chez les Grecs et les Romains.

Le chamane
Selon les croyances primitives, la Nature était dominée par les esprits. Seul le chamane, sorte de sorcier, pouvait entrer en contact avec eux. Son rôle principal était de faire pleuvoir sur les champs.

Les édifices du village
Les murs jouent un rôle important en Chine et dans les temps anciens toutes les huttes des paysans et les constructions du village étaient encloses dans un mur de terre. Les murs des maisons étaient parfois recouverts d'un enduit.

Labourage
Dès le Ve siècle avant J.-C. les charrues à soc de fer tirées par les bœufs remplacèrent les grossières houes en bois.

Moisson
Les faux à lame d'acier coupent mieux que les antiques faucilles taillées dans la pierre.

Battage
Les machines accrurent le rendement. Ici, un marteau manœuvré au pied bat le grain pour l'extraire de la balle.

Invention de la brouette
Les Chinois utilisaient la brouette onze siècles avant qu'elle fasse son apparition en Europe.

Construction d'une clôture
La terre était tassée dans un coffrage en bois amovible, jusqu'à ce qu'elle forme un mur solide.

Sciage des planches
Les Chinois disposaient de plusieurs sortes de scies, la scie de long manœuvrée par deux hommes étant la plus efficace.

Culture en terrasse
Les terrasses évitent que le riche sol loessique de la vallée du Fleuve Jaune soit emporté sur les pentes. Le loess n'a besoin que d'eau pour être très fertile.

Chang'an, la capitale

Pendant des siècles, les conteurs chinois ont loué les merveilles de la Chang'an des Han (l'actuelle Xi'an) : son palais orné comme un joyau, son parc impérial rempli d'animaux rares, ses tours ornementales, ses lacs d'agrément, ses sanctuaires d'ancêtres et ses temples religieux. Zhang Heng, astronome et poète du Ier siècle, a chanté la capitale et le soin avec lequel l'empereur Gaozu choisit son emplacement :

Pour son dessein, il prit l'avis des
esprits du Ciel et de la Terre.
Afin de pouvoir bien choisir la place
qui devait être la Cité Céleste.

Les Chinois apportaient beaucoup de soins à l'organisation de leurs villes. Elles étaient ordonnées selon les croyances traditionnelles sur l'ordre de l'univers et les énergies vitales de la Nature. Les villes faisaient face au sud, dans la direction du *Yang*, symbole de la puissance et des forces positives qui s'exercent sur le monde. Leur forme fondamentale était le carré, de même que la terre elle-même était carrée dans l'art chinois. Le palais, maison du « Fils du Ciel », s'élevait dans le nord de la ville. Les rues, bien tracées, étaient divisées en 160 *li* entourés de murs et formant les quartiers. Les nobles et les fonctionnaires vivaient près de l'empereur. Le reste de la population habitait pour la plupart à l'est, sauf les *gong* ou artisans qui vivaient et travaillaient dans les quartiers nord et ouest, et les *shang* ou commerçants qui au début devaient habiter à l'extérieur des murs de la ville. Ainsi, le plan de la ville symbolisait l'univers et la place que chaque homme y occupe.

Plan de la ville
Du Palais Impérial (1), avec son Parc (2), la Voie Impériale atteint au sud la Porte Mingde (3). A l'est (4) et à l'ouest (5) se trouvent les marchés. Les privilégiés (6) habitent près du Palais. La plupart des citoyens s'entassent dans d'étroits quartiers (7 et 8).

14

Le palais de l'empereur et les édifices religieux contrastaient vivement avec l'humble demeure de la majorité des citoyens de Chang'an. Les palais étaient construits en briques d'argile, mais leurs salles étaient carrelées et luxueusement meublées. La pierre était peu utilisée dans la construction, mais le *Ming-tang* (Salle Brillante) devait être pavé ou avoir des marches de pierre. Cette pièce servait aux cérémonies de la famille royale. Les maisons étaient construites en bois ou en briques. Elles avaient une cour et souvent aussi un jardin, où les arbres étaient plantés parmi les rochers et les plans d'eau, éléments fondamentaux de la terre chers aux Chinois. Chaque maison était entourée d'un mur et chaque quartier fermé d'un autre mur. Enfin, la ville elle-même était emmurée; douze portes, chacune assez large pour le passage de quatre attelages en même temps, donnaient accès à la Cité Céleste de Chang'an.

Les rues de la ville

La Chine impériale avait deux grandes villes : Luoyang et Chang'an. La première, sur la rivière Lo, dans le nord-est, fut la capitale de la première dynastie Han (202 avant J.-C. à 9 après J.-C.). Chang'an dans un site stratégique au cœur du Pays entre les Passes, fut la capitale des Han postérieurs (25 à 220 après J.-C.). Il existait aussi de nombreuses grandes villes de province qui servaient de centres administratifs ou de garnisons. A l'époque des Han, de 6 à 10 millions d'habitants vivaient dans ces villes, dont 250 000 à Chang'an.

La capitale est le siège du gouvernement, le centre de toutes communications et du commerce en Chine. Elle bourdonne d'activité : courtisans, fonctionnaires, lettrés, soldats, artisans, paysans, mendiants et voleurs se bousculent dans les rues. Sur les places de marché, les badauds sont divertis par les combats de coqs et lancent des paris sur l'oiseau de leur choix. Les pièces de cuivre et d'or commencent à remplacer les coquilles de cauris et les coupons de soie comme monnaie depuis l'époque des Royaumes Combattants. Pour se distraire, le riche préfère une journée de chasse hors de la ville, piégeant renards, cerfs ou faisans et tirant à l'arc sur les troupes d'oies.

La meilleure éducation se trouve dans la capitale. Une Université impériale était créée en 124 avant J.-C. et recevait les fils des fonctionnaires de province pour les former au service public. Du temps de l'empereur Han Huan-Di (147-68 avant J.-C.), il y avait plus de 30 000 étudiants à Luoyang.

La grande ville de Chang'an tomba avec la chute de l'Empire Han. Mais le nom de Chang'an signifie Longue Sécurité. Quatre siècles plus tard, sous la dynastie Tang, elle était restaurée dans sa splendeur passée.

Les rues de la ville
Les places de marché de Chang'an
n'étaient jamais vides. Les véhicules
avaient peine à se frayer un chemin
parmi les boutiquiers, commerçants et
bateleurs.

Science et industrie

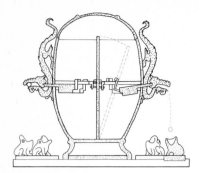

Le sismographe de Zhang Heng
Les dragons pointent dans huit directions. Si un tremblement de terre a lieu, le pendule interne déclenche un des mécanismes qui libère la boule coincée dans la bouche du dragon; cette boule tombe dans la bouche du crapaud au-dessous. Un surveillant note la direction du séisme.

La Chine ancienne avait la suprématie mondiale en matière de science et d'industrie, de technologie et d'invention. L'habileté de ses ingénieurs, développée par la nécessité des travaux hydrauliques, était insurpassée. Les Chinois construisirent leur premier réservoir d'irrigation en 606 avant J.-C. et dès le 1er siècle ils avaient édifié le premier pont à arche et le plus ancien pont suspendu en fer qui soit connu. En 214 avant J.-C. ils avaient terminé la Grande Muraille, la seule construction humaine visible de la lune.

Il fallait aussi des ingénieurs très compétents pour extraire le fer et le sel. Environ 1 700 ans avant que les Européens en apprennent la technique, les Chinois extrayaient le minerai, le fondaient dans des fours à soufflerie, puis le coulaient pour en faire des armes et des outils. Le fer et le sel avaient tant de valeur que leur industrie fut nationalisée par l'empereur Han Wudi en 120 avant J.-C. La production de soie, qui était pourtant la plus ancienne et la plus lucrative industrie de Chine, ne devint jamais un monopole d'État.

Les Chinois excellaient aussi en astronomie et dans les autres sciences. Ils utilisaient un calendrier qui était encore consulté en 1927,

La production du sel (à droite)
Le sel gemme était déjà extrait en 200 avant J.-C. dans l'ouest de la Chine. De profonds puits étaient forés et la saumure, c'est-à-dire l'eau salée, était pompée dans un réservoir, puis conduite dans des canalisations en bambou jusqu'à des chaudières. L'eau chauffée s'évapore et le sel se cristallise.

L'industrie de la soie
Les mûriers sont plantés pour nourrir les vers à soie. Lorsqu'ils ont filé leur cocon, les insectes sont tués et leur fil délicat est soigneusement déroulé.

Récolte des mûres

Nourrissage des vers à soie

Séchage des cocons

ainsi que des cadrans solaires et des clepsydres. Dès l'époque Han, ils avaient mesuré l'orbite de la lune et cartographié plus de 1 100 étoiles. Les observations des Chinois sur les taches solaires avaient presque mille ans d'avance sur celles des Européens. Les éclipses étaient prévues et Zhang Heng, un brillant astronome et mathématicien, avait inventé un sismographe pour enregistrer les tremblements de terre. Les médecins Han pratiquaient l'acupuncture, méthode de soin consistant à enfoncer des aiguilles sous la peau en certains points. Ils avaient identifié 360 points vitaux sur le corps humain, seulement 90 de moins que les acupuncteurs d'aujourd'hui.

Certaines inventions chinoises changèrent vraiment le cours de l'histoire. Le papier Han, fait d'écorce, de chanvre et de chiffon, eut une influence énorme sur le développement littéraire lorsqu'il finit par atteindre l'Europe au IXe siècle. Trois inventions chinoises du Moyen Age, l'imprimerie, la boussole et la poudre, transformèrent les sociétés civilisées. Beaucoup d'autres inventions furent faites, telles la brouette, le harnais et l'éperon, qui sont des témoins moins spectaculaires de la suprématie de la technologie chinoise.

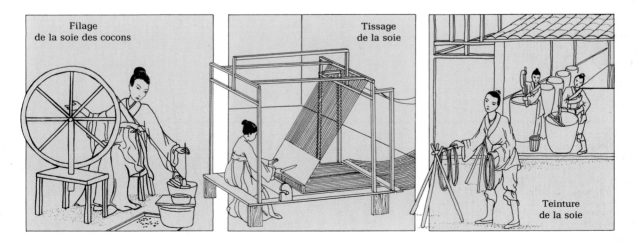

Filage de la soie des cocons

Tissage de la soie

Teinture de la soie

Les arts délicats

La Pierre Céleste
Le jade est traditionnellement très prisé par les Chinois, pas seulement pour sa beauté, mais aussi pour ses propriétés magiques. Il était censé prévenir la décomposition des cadavres et un pi de jade, en forme de disque perforé comme celui illustré ci-dessus, était souvent enterré avec les morts. Durant l'époque Chang, un pi symbolisait le Ciel. Rare et difficile à ciseler à cause de son extrême dureté, le jade devint un signe de richesse et de puissance.

L'art chinois s'est épanoui d'abord sous l'inspiration religieuse et rituelle. Il y a environ 7 000 ans, les hommes de l'Age de la Pierre enterraient leurs enfants décédés dans des urnes en poterie, puis au cours des siècles suivants des objets de plus en plus élaborés accompagnaient l'enterrement dans des tombes. Des anneaux de jade translucide, des têtes de hache gravées et des poignards trouvés dans les tombes anciennes témoignent d'un artisanat florissant. Les Qin, les Han et les dynasties ultérieures remplacèrent les sacrifices humains qui accompagnaient les funérailles Shang par l'ensevelissement de gracieuses figurines. Leurs personnages en poterie et leurs chevaux de bronze sont modelés avec une exquise précision. Les tombes Han sont garnies aussi de tables laquées avec des boîtes, des plateaux et des plats, et les murs sont couverts de plaques de pierre gravées, de carreaux en céramique ou de peintures. Les scènes décorant ces murs représentent souvent des réjouissances : danses, divertissements musicaux, banquets et même processions officielles.

Les rites associés au culte des ancêtres ont produit aussi des objets d'art. La vénération des Shang pour les souverains morts s'est manifestée avec magnificence dans les objets de bronze caractéristiques de cette époque. Les offrandes de nourriture ou de vin étaient faites dans des vases spéciaux richement décorés d'animaux mythiques et de motifs symboliques. Les origines historiques du bronze restent mystérieuses, car il n'existe pas de trace archéologique d'une étape expérimentale avant l'apparition soudaine des précieux vases Shang.

L'art de la céramique
Des vases de poterie fine ont été fabriqués en Chine depuis l'Age de la Pierre. Au début l'argile était modelée à la main, mais dès le XXe siècle avant J.-C. le tour de potier était utilisé pour réaliser des vases symétriques. L'argile était cuite dans des fours perfectionnés, puis peinte de motifs noirs et blancs. A l'époque Han des pigments colorés étaient utilisés et l'argile était enduite de feldspath, un minéral qui donnait après cuisson une surface brillante. Plus tard, les artisans Tang produiront des poteries brillamment colorées et vernissées en mêlant du feldspath à l'argile avant moulage. Sous les dynasties Song et Ming, les techniques de décoration et de glaçage atteindront leur plus haute perfection. Les artisans Song créèrent selon une technique originale des bols et des vases de porcelaine aux reflets lustrés. Leurs œuvres étaient très demandées dans tout l'Extrême-Orient et même dans le monde arabe. Pendant la période Ming (1368-1644 après J.-C.), l'art de la porcelaine atteint le sommet de la décoration par la richesse de ses coloris.

Chasseur aux prises avec un guépard déchaîné (poterie peinte)

Gardien du tombeau (poterie vernissée)

Figure de femme (poterie)

Jarre peinte primitive

Un chef-d'œuvre Shang (ci-dessous)
Un artisan du bronze brise l'argile moulant une urne rituelle.

Figures stylisées en bronze
Le tao-tieh ou masque de monstre grotesque est l'un des motifs Shang les plus connus. Ici, il décore un battant de porte en bronze du Ve siècle.

Le moulage à cire perdue (ci-dessous)
Un modèle en cire est enrobé dans l'argile et cuit au four. L'argile durcit et la cire fondante est évacuée par des trous qui sont ensuite rebouchés. Le métal fondu est alors coulé dans le moule et, lorsqu'il est refroidi, l'argile est brisée pour libérer l'objet en bronze.

Le pouvoir du pinceau

L'origine de l'écriture
Fu Xi, souverain mythologique de la Chine, est dit avoir inventé l'écriture chinoise en étudiant les marques sur la carapace d'une tortue. Il aurait créé 8 symboles de base.

L'usage de l'écriture
Des os divinatoires, utilisés pour prédire l'avenir, portent les plus anciens exemples connus d'écriture chinoise. Une page de livre en lames de bambou est montrée aussi ci-dessus.

Aucune civilisation n'est restée aussi fidèle à son langage écrit que celle des Chinois. En dépit du changement radical de la prononciation au cours des siècles, l'écriture chinoise moderne est tout à fait semblable au système standardisé en 213 avant J.-C. par le premier empereur Qin, Shi Huang Di. Le chinois est la plus ancienne écriture encore en usage dans le monde.

L'écriture chinoise est fondée sur un grand nombre de caractères, ou symboles, qui représentent chacun un objet ou une idée. Ce système est dit idéographique et rappelle d'une certaine façon le système des chiffres arabes. Un anglophone comprend aussi bien qu'un francophone le mot « cinq » s'il est écrit avec le signe 5, bien que chacun le lise différemment. Chaque caractère chinois garde sa signification de la même façon. Ainsi, au contraire de toutes les autres langues actuelles, le chinois écrit il y a plus de 1 000 ans reste parfaitement lisible aujourd'hui pour n'importe quel Chinois.

Les plus anciens éléments de l'écriture chinoise sont les pictogrammes, simples dessins similaires aux hiéroglyphes égyptiens. Chacun représentait un objet familier, comme un cheval ou une montagne, stylisé. La portée de l'écriture s'est peu à peu élargie par la représentation d'une partie au lieu du tout : un groupe d'arbres, par exemple, représentait une forêt. L'écriture s'est encore enrichie par la combinaison de deux pictogrammes ou plus. Ainsi, le signe pour « épouse » était fait des symboles de « femme », « main » et « balai ». Bien que les caractères modernes soient issus d'une longue évolution, environ 2 000 de ces pictogrammes primitifs sont encore en usage sous une forme reconnaissable. Par exemple, le signe pour « tigre » a conservé le dessin de la queue comme dans le symbole original : 虎

Les premiers écrits de Chine sont les inscriptions sur les os et les carapaces de tortues divinatoires des Shang. Avant toute décision importante, les rois Shang prenaient l'avis des puissances surnaturelles par l'intermédiaire d'un prêtre. Celui-ci perçait un trou dans une carapace de tortue ou un os, le chauffait jusqu'à ce que sa surface se craquelle, puis écrivait à l'aide d'un stylet pointu la question et, enfin, la réponse, inspirée par la forme des craquelures (scapulomancie).

Du temps des Han, on utilisait pour écrire des pinceaux en poils de cerf. Les décrets du gouvernement et le registre des impôts étaient écrits sur le bois ou le bambou, mais les bons ouvrages scientifiques ou littéraires en vers et en prose étaient peints sur la soie pour la bibliothèque du palais. La période Han a vu aussi l'invention du papier qui devait devenir d'un usage général pour la production des livres. L'activité littéraire était trépidante à cette époque. Des styles inédits et de nouvelles formes littéraires étaient créés : courts poèmes lyriques, descriptions détaillées de la vie à la cour, hymnes, chants de noces et poésie populaire de l'Age impérial serviront de modèle aux écrivains postérieurs. Sima Qian écrivit aux alentours de l'an 100 avant J.-C. la première histoire exhaustive de Chine, un ouvrage décrivant l'histoire de l'homme dans le monde et qui servira de modèle pour les historiens ultérieurs, et en 121 après J.-C. paraissait le premier dictionnaire. Les scribes Tang couchèrent des versions standardisées de ces vieux écrits sur un papier fin qu'ils roulaient dans des cylindres d'ivoire ou de bois de santal fermés par un bouchon en cristal de roche, en jade ou en ivoire.

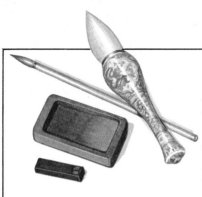

Le pouvoir du pinceau

L'art de l'écriture manuscrite ou calligraphie ne s'est épanoui que lorsque le dur stylet utilisé sous la dynastie Shang a fait place au pinceau. A l'époque Han, le pinceau a transformé l'écriture d'un exercice d'habilité strictement codifié en un mode d'expression complexe et raffiné. Les calligraphes étaient regardés comme des artistes et leurs instruments reflétaient souvent la noblesse de leur métier. L'illustration en tête montre deux élégants pinceaux, l'un taillé dans le jade, l'autre en porcelaine peinte, et un pain d'encre de noir de charbon qui est orné d'une délicate impression.

Les calligraphes étudiaient leur art pendant de nombreuses années. Ils apprenaient à tenir leur pinceau fermement et verticalement, sans jamais poser leurs coudes sur la table. Ils s'exerçaient à perfectionner les huit traits fondamentaux, qui se retrouvent tous combinés dans le caractère yung, signifiant éternité. Selon la légende, Wang Xizhi, brillant calligraphe du IVe siècle, travailla 15 ans à maîtriser ce seul caractère.

La conception et la technique de l'écriture au pinceau sont très semblables à celles de la peinture. Les peintres et les calligraphes chinois utilisaient les mêmes encres et les mêmes pinceaux pour s'exprimer sur la soie ou sur le papier. Les séances d'écriture, comme celle ci-dessous, étaient l'occasion de réjouissances. Des hommes instruits buvaient du vin et concouraient entre eux à compléter des couplets de poésie. Ils disposaient d'une pile de papier blanc, de pinceaux et d'encre noire, qu'un garçon est ici en train de mélanger.

Les œuvres d'art sur soie

La production de la soie est l'industrie de luxe la plus ancienne de Chine. La soie chinoise était vendue aux Romains à la fin de l'époque Han. La broderie de soie sur tissu devint un art très raffiné. La peinture sur soie ci-dessus fut probablement exécutée dans le nord-ouest de la Chine.

Les trois voies

Le Taoïsme fut fondé par Laozi, le « Vieux Philosophe », que l'on voit ici à dos de buffle.

Le Bouddhisme
Au cours de la dernière période Han, des missionnaires des Indes propagèrent la parole de Bouddha, « L'Illuminé », en Chine. Ils enseignaient une religion fondée sur la méditation et sur le détachement des honneurs et des biens du monde. Leur croyance en la réincarnation, c'est-à-dire la perpétuelle renaissance de l'individu sous une forme humaine ou animale, était nouvelle pour les Chinois. A partir du VIᵉ siècle, le Bouddhisme était accepté à côté du Taoïsme et du Confucianisme.

La Chine est le seul des grands empires de l'ancien monde à avoir assimilé plusieurs religions très différentes et à leur avoir permis de coexister harmonieusement. Les anciens Chinois vénéraient les ancêtres, ainsi que les divinités de la Nature. Plus tard, l'enseignement de Confucius se développa aux côtés du Taoïsme et du Bouddhisme. Aux yeux des Chinois, il n'y avait rien d'incompatible à suivre toutes ces trois croyances : Confucianisme, Taoïsme et Bouddhisme étaient simplement regardés comme « trois voies pour le même but ».

Le culte des ancêtres était la religion la plus ancienne et la plus profondément ancrée en Chine. Les rois Shang consultaient leurs pères dans les affaires importantes et à partir de l'époque Han toutes les familles chinoises vénéraient leurs ancêtres. Les anciens Chinois révéraient aussi les esprits de la Nature. Par l'entremise d'un prêtre (ou d'une prêtresse) spécial appelé chamane, qui entrait en transes pour parler aux esprits, les paysans priaient le dieu du Fleuve Jaune, le dieu de la Terre ou les divinités des montagnes, des arbres et des lacs.

Ces religions primitives continuèrent à s'épanouir, mais elles ne suffisaient pas à satisfaire le peuple lors des périodes de grands troubles. A l'époque des Royaumes Combattants, qui aboutirent au Premier Empire, les philosophes voyageaient d'État en État, présentant à tout seigneur ou roi qui voulait bien les écouter leurs idées sur la bonne conduite de la vie. Deux des plus grands penseurs chinois, Confucius et Laozi (Lao-tseu) enseignèrent à cette époque. Tant de théories ont été avancées alors sur le sens véritable de la vie, qu'elles sont connues sous le nom des « Cent Écoles ». A part le courant des « Légistes », qui connut un bref épanouissement sous la dynastie Qin, les leçons de Confucius et de Laozi furent les deux seules des « Cent Écoles » à survivre à ces temps troublés.

Confucius (551-479 avant J.-C.) naquit dans une famille noble du pays de Lu, dans la province actuelle de Shandong (Chantoung). Il passa l'essentiel de sa vie à enseigner un mode de vie pratique qui serait plus une philosophie ou une méthode de pensée qu'une religion. Confucius exaltait la loyauté, la sincérité, la courtoisie et le respect des parents comme ligne correcte de conduite pour tous. Il considérait que la position dans la société devait être déterminée par le talent et l'éducation, et non par la naissance ou la fortune. Sous la dynastie Han, ce principe fut appliqué au système de recrutement des fonctionnaires. L'enseignement de Confucius continua d'influencer l'éducation, le gouvernement et la vie sociale en Chine pendant deux mille ans.

Les Taoïstes, à l'opposé de l'école confucéenne, suivaient un mode de vie plus passif, cherchant à développer leur vie intérieure et à la mettre en harmonie avec la Nature. Ils croyaient au Tao, voie naturelle vers la vérité, plutôt que dans un gouvernement ordonné de lois rigides. Beaucoup de Taoïstes se retirèrent de la société pour se consacrer à la contemplation de la sagesse et de la paix de la Nature, avec l'espoir de devenir immortels et de vivre au paradis. Cependant, les premières expériences des alchimistes Taoïstes jetèrent les fondements de la science chinoise.

Le Bouddhisme ne s'est pas bien établi en Chine avant la dynastie Tang, lorsque les empereurs commencèrent à soutenir cette nouvelle religion et que les sculpteurs donnèrent de magnifiques images de ses dieux. Le Taoïsme et le Bouddhisme étaient des religions mystiques et, bien que les trois principales doctrines aient parfaitement coexisté, les Chinois appliquaient essentiellement le Confucianisme dans le gouvernement et l'éducation.

Le Légisme
L'école de pensée légiste prônait que les intentions généreuses et les bonnes actions n'amélioreraient jamais le gouvernement ou la société. Elle préconisait à la place des lois rigoristes et des punitions brutales. Shi Huang Di, le Premier Empereur, soutenait la doctrine légiste. Il bannit toutes les autres philosophies et fit brûler leurs écrits. Heureusement, le Légisme ne survécut pas au règne Qin. A l'époque Han, les érudits récrirent les livres des anciens philosophes.

Confucius est montré ici enseignant sa philosophie, basée sur la bonne conduite.

La vie familiale

L'institution la plus importante de Chine était la famille. Elle était, sous la dynastie Han, l'unité fondamentale de tous les niveaux de la société, du plus humble paysan jusqu'à l'empereur lui-même. Chaque enfant était élevé dans le respect de ses parents. L'obéissance au père était la conséquence directe du culte des ancêtres. Certains empereurs Han élevèrent des mausolées à leurs ancêtres dans les villes de province comme dans la capitale et nommèrent des prêtres et des gardes pour s'en occuper. La croyance voulait que l'esprit d'un mort puisse influencer le sort de ses descendants sur terre. La famille ne pouvait espérer obtenir les bonnes grâces de ses ancêtres décédés qu'en leur offrant de la nourriture et du vin et en priant leurs esprits sur les autels spéciaux élevés à cette fin dans les maisons chinoises.

Il était admis que la bienveillance ainsi obtenue pouvait apporter de nombreux bienfaits à la famille : maisons et attelages luxueux pour les classes aristocratiques ou simplement de la nourriture et des vêtements en suffisance pour les paysans. Les familles riches meublaient leurs maisons avec des tables laquées, des miroirs de bronze, des peintures et des tapis de cachemire importés. Les festins comprenaient des plats exotiques tels que des escargots confits dans le vinaigre, de la viande de chien et des oranges amères. La nourriture était servie dans de la porcelaine fine et mangée avec d'élégantes baguettes de bois. On buvait du vin, du lait de coco et du jus de palme fermenté dans des gobelets d'argent ou d'or martelé. Les hommes et les femmes aisés portaient des tuniques et des vestes de soie, des pantoufles de brocart et des bijoux en or dans leurs cheveux.

Les paysans vivaient de gâteaux de millet, de riz, de haricots, de navets et de poissons. Ils portaient des vêtements de chanvre tissé et des sandales de paille.

Le culte des ancêtres
Les Shang ne rendaient hommage qu'aux rois décédés, mais dès l'époque Han chaque famille faisait des offrandes sur l'autel dédié à ses ancêtres.

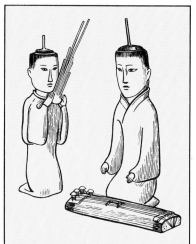

Musique et musiciens
L'une de ces figurines de bois, qui proviennent d'une tombe un peu postérieure à l'époque Han, représente un joueur de flûte de Pan, l'autre joue d'une cithare à trois cordes. Ils jouaient sans doute en petites troupes orchestrales de quatre ou cinq musiciens. Les gens riches entretenaient leur propre troupe.

Les heures de loisir
Les enfants chinois jouaient aux osselets et au volant. Les adultes, dans les familles aisées, s'amusaient à des jeux de table similaires à notre loto et au trictrac. On voit ici un jeu de l'époque Han, appelé liu po, qui se joue en lançant des bâtonnets pour déplacer les pions tout autour de la table.

Les fêtes saisonnières
Riches et pauvres se retrouvaient dans les festivités. Ces divertissements comprenaient du sport, de la musique, des danses et des spectacles de cerfs-volants, une invention des Chinois au IIIᵉ siècle avant J.-C.

Déjouer la mort

Le Prince de Jade
Le Prince Han, Liu Sheng, fut enseveli dans un habit fait de 2 498 morceaux de jade, la pierre magique des Chinois. Ce travail a dû prendre dix ans à réaliser.

Les maisons de la Chine ancienne étaient construites en bois et en briques d'argile. Aucune ne nous est parvenue, montrant l'architecture, l'ameublement ou les ustensiles ménagers. Les anciens modes de vie nous sont connus grâce aux morts dont les tombes, taillées dans le roc ou édifiées en pierre, ont résisté aux siècles.

Les tombes de la dynastie Shang ont révélé de magnifiques vases de bronze et des statuettes sculptées dans la pierre, bien que les chambres mortuaires elles-mêmes aient souvent été pillées. Les funérailles Shang rituelles étaient réservées aux rois et les offrandes prenaient des proportions prodigieuses. Ornements de jade, armes et chaudrons de bronze, os et ivoire sculptés, poteries peintes et instruments de musique étaient ensevelis au cours de sacrifices animaux et humains. Des centaines d'hommes parfois inclinaient la tête sous la hache du bourreau et, dans une occasion tout au moins, il arriva qu'un zoo entier ait été sacrifié.

La plupart des offrandes funéraires étaient ensevelies dans la fosse mortuaires principale. C'était un puits profond, en forme de pyramide inversée, creusé à 10 ou 12 mètres de profondeur. L'accès principal au tombeau était une rampe inclinée, au sud; de hautes marches se trouvaient sur les trois autres côtés. Parfois, la rampe d'accès était gardée par des sentinelles mortes, harnachées d'armes en bronze.

Lorsque la cérémonie était terminée, la tombe était remplie de terre.

Les sacrifices humains furent abandonnés peu après la chute de la dynastie Shang. Ses conquérants, les Zhou, inhumaient des figurines et à partir de l'époque Han les hommes et les animaux étaient remplacés par de petites poteries. Mais alors, les familles importantes et riches commencèrent à édifier des tombeaux compliqués, creusés dans les falaises ou construits en pierre. La vénération familiale pour les ancêtres se traduisit naturellement par des soins aux sépultures. Il n'y avait pas de cimetière public en Chine; même le plus pauvre ensevelissait ses morts dans les terrains libres au bord des fleuves ou à l'extérieur des murs des villes.

Les tombes royales déployaient un faste extravagant. Les tombes jumelles du Prince Liu Sheng et de son épouse, la Princesse Tou Wan, creusées dans le rocher, pouvaient contenir chacune 1 000 personnes. Toutes deux étaient remplies d'objets de bronze, d'or, d'argent, de jade et de pierre et de travaux de poterie et de laque. Leur trésor le plus spectaculaire était les habits de jade portés par le couple royal. Chacun était fait de plus de 2 000 rectangles de jade poli cousus ensemble par un fil d'or. Mais le jade magique, symbole céleste censé protéger les corps de la pourriture, n'a pas réussi à préserver le Prince et la Princesse : il n'en reste que poussière.

« Que le passé éclaire le présent. »

La Grande Muraille

Bien que la Chine soit un vaste pays, elle est bien protégée de l'extérieur par une série de montagnes à l'ouest, la jungle au sud et la mer à l'est. Il n'y a que les steppes ouvertes du nord qui soient exposées aux raids périodiques des cavaliers barbares. Pour repousser ces hôtes indésirables, Shi Huang Di, le Premier Empereur, de la dynastie Qin, mobilisa des milliers de nong à travailler pendant des années afin de relier entre eux trois anciens remparts pour réaliser le formidable système défensif connu sous le nom de Grande Muraille. Longue de plus de 3 000 km, elle ne réussit pas à contenir les Mongols, ni les Mandchous.

La civilisation chinoise a été florissante sans interruption pendant plus de 3 500 ans. Bien que l'ancien système impérial soit arrivé à sa fin en 1912, lorsque le dernier empereur Mandchou fut déposé, la République Populaire de Chine a maintenu beaucoup des grandes traditions du passé. La Révolution communiste elle-même entre dans le modèle historique chinois de rébellion contre les souverains cruels ou incapables. Mao Ze Dong (Mao Tsé-toung), en tant que leader de la République, mit en route une active recherche de l'histoire archéologique en prononçant la phrase : «Que le passé éclaire le présent. »

En juin 1968, des soldats travaillant sur une colline calcaire près de Manch'eng dégagèrent les tombeaux du Prince Han, Liu Sheng, mort en 113 avant J.-C., et de sa femme, la Princesse Tou Wan. Ces deux tombes étaient remplies de monceaux d'objets précieux. Cette découverte était si unique que sa nouvelle atteignit le reste du monde en moins de deux ans. Peu après, la Chine permit que la majeure partie de ce trésor sans prix soit exposée pour la première fois dans le monde occidental.

Bien sûr, beaucoup d'autres sites ont été dégagés. La plupart de ces travaux ont été conduits depuis l'instauration de la République Populaire en 1949 et durant la Révolution Culturelle près de 500 000 pièces historiques sont venues enrichir les collections des musées chinois. Peut-être l'archéologie de Chine continuera-t-elle à rapprocher l'Orient et l'Occident, en dépit de la barrière invisible qui a remplacé, dans les temps modernes, l'obstacle de la Grande Muraille.